SPECKSTEIN
Plastisches Arbeiten und Gestalten

Renate Reher

SPECKSTEIN
Plastisches Arbeiten und Gestalten

Speckstein: plastisches Arbeiten und Gestalten/Renate Reher. – Wiesbaden: Englisch, 1992
    ISBN 3-8241-0498-9

© by Englisch Verlag GmbH, Wiesbaden, 1992, 3. Auflage 1994

Umschlaggestaltung Andreas Ruers.
Innengestaltung Sabine Goldschmitt.
Fotos Christian Geisler.
Alle Rechte vorbehalten.
Nachdruck, auch auszugsweise, verboten.
Printed in Spain.

Die Ratschläge in diesem Buch sind von Autorin und Verlag sorgfältig erwogen und geprüft, dennoch kann eine Garantie nicht übernommen werden. Eine Haftung der Autorin bzw. des Verlages und seiner Beauftragten für Personen-, Sach- und Vermögensschäden ist ausgeschlossen. Alle in diesem Buch veröffentlichten Abbildungen und Modelle sind urheberrechtlich geschützt und dürfen nur mit ausdrücklicher schriftlicher Genehmigung des Verlages genutzt werden.

Inhaltsverzeichnis

Vorwort 7

Einführung 8
Von der Freude am Gestalten 8
Die Eigenschaften des Specksteins 8
Der Speckstein in der Kunst 11

Voraussetzungen 12
Die Specksteinbeschaffung 12
Die Werkzeuge 13
Der Arbeitsplatz 16
Das Formgefühl 17

Grundprinzipien des Skulptierens 18

Einfache Objekte 20
Briefbeschwerer 20
Stifteablage 31

Einfache Tierfiguren 34
Vorgehensweise 34
Vogel 37
Ente 40
Schlange 40
Fische 42
Vogel auf Glasstange 44
Doppeltier 44
Phantasietierkopf 45

Einfache abstrakte Formen 46
Abstrahierte Eule 46
Tiergruppe 47
Geometrische Einkerbung 48
Schwarzes Maul 49

Florale Formen 50
Rosa Knospe 50

Weiterentwicklung 52
Komplex gegliederte Tierformen 52
Köpfe und Masken 55
Menschen- und Figurengruppen 58
Größere abstrakte Formen 62

Weitere Verwendungsmöglichkeiten 64

Vorwort

Jeder, der mit Speckstein arbeitet, sollte ein strenges Nachbilden nach einem fremden Vorbild vermeiden. Auch die in diesem Buch gezeigten Beispiele sollen nur Anregungen sein.

Es ist insgesamt befriedigender, „neuschöpfend" und damit im eigentlichen Sinne schöpferisch tätig zu sein, als etwas nachahmen zu wollen. Das Risiko, daß fremde Betrachter Probleme haben zu erkennen, was die fertige Plastik darstellen soll bzw. welche Vorstellungen zu dem Werkstück geführt haben, sollte man getrost eingehen. Die Kreativität oder das Freisetzen von Kreativität ist das Wichtigste bei einem Gestaltungsprozeß.

Einen Grundsatz sollte man jedoch immer beachten, gleichgültig, was man darstellt: Die Form sollte als solche in sich stimmig und ausgewogen sein, und es sollte ein Genuß sein, das fertige Werkstück von allen Seiten zu betrachten. Eine „Butterseite" als einzig mögliche Betrachtungsweise ist nicht im Sinne des plastischen Gestaltens.

Eine Plastik wirkt im Raum, und das Dreidimensionale unterscheidet sie von anderen Kunstrichtungen, z. B. der Malerei. Das bedeutet aber auch, daß man bemüht sein sollte, eine Plastik von jedem Blickwinkel aus formschön zu gestalten. Wenn Sie die Grundprinzipien dieses Buchs und die darin gegebenen technischen Hinweise beachten, werden Sie Freude am Gestalten mit Speckstein haben.

Renate Reher

Einführung

Von der Freude am Gestalten

Unsere technisch-industrialisierte, durchorganisierte und zeitlich sehr geregelte Welt läßt dem einzelnen wenig Raum, seine schöpferischen Fähigkeiten zu entwickeln und auszuleben. In der Regel bleibt dazu „nur" die Freizeit mit der Ausübung eines Hobbys.
Kreatives Gestalten stellt den einzelnen vor eine selbstgewählte Aufgabe, die er nach eigenem Ermessen, eigenen Ideen und in seinem Sinne lösen kann. Der Schaffensprozeß lenkt von den Alltagssorgen und -problemen ab, macht Spaß, und das Verwirklichen einer gestalterischen Idee steigert darüber hinaus auch das Selbstbewußtsein. Das fertige Stück schafft Freude und Stolz.
Schöpferisch ist jeder Mensch; er muß nur Geduld mit sich haben und Mut zu eigenen Ideen und deren Verwirklichung aufbringen.
Grundsätzlich ist Kreativität und Erfindungsreichtum überall möglich, ob beim Kochen, bei der Zusammenstellung eines Blumenstraußes, beim Einpacken eines Geschenkes – um einige alltägliche Verrichtungen zu nennen – oder eben: beim Gestalten mit Speckstein.

Die Eigenschaften des Specksteins

Speckstein, dessen korrekte wissenschaftliche Bezeichnung Steatit lautet, und den schon vor Jahrhunderten und Jahrtausenden Menschen zu mannigfachen Zwecken verarbeitet haben, ist ein Material, das sich zur plastischen Gestaltungsweise besonders anbietet. Es ist ein sehr weicher Stein, der sich ohne große Kraftanstrengung mit Werkzeugen bearbeiten läßt, die zum großen Teil in jedem Haushalt vorhanden sind, wie Messer, Sägen, Bohrer, Feilen, Schmirgelpapier und dergleichen. Der Stein als Rohmaterial ist billig und leicht zu beschaffen, so daß es vom Kostenaufwand nicht weiter tragisch ist, wenn einmal ein Stück mißlingen sollte. Die Bearbeitung des Specksteins ist nicht kompliziert. Die Arbeitsschritte lassen sich leicht erlernen, und das fertige Stück ist beständig. Auch Volkshochschulen beginnen dieses Material, das in Deutschland etwas in Vergessenheit geraten war, wieder zu entdecken.

Was ist nun eigentlich Speckstein? Bei Speckstein, der auch unter dem Namen Seifenstein (Soapstone) bekannt ist und wissenschaftlich Steatit heißt, handelt es sich um dichte Aggregate des Minerals Talk mit der chemischen Formel $Mg_3(OH)_2Si_4O_{10}$, ein hydratisiertes Magnesiumsilikat. Es kommt in verschiedenen Farbabstufungen von Weiß, gelblich, Grün, Grau, rötlich und Braun bis zu Schwarz vor und hat einen fettigen Glanz. Das weiche Material kann leicht bearbeitet werden. Ein Messer, ja sogar schon ein Fingernagel kann den Stein ohne Probleme ritzen. Werkzeuge, die für die Holzbearbeitung geeignet sind, lassen sich auch für das Arbeiten mit Speckstein verwenden. Speckstein hat nach der Mohs'schen Härteskala, die die Härte der Mineralien von 1 bis 10 angibt, die Härte 1 und gehört damit zu den weichsten bekannten Materialien. Das härteste Mineral, der Diamant, hat im Vergleich dazu die Härte 10.

Einführung. Die Eigenschaften des Specksteins

Die folgende Tabelle veranschaulicht die Weichheit des Specksteins im Vergleich zu anderen beim plastischen Gestalten verwendeten Gesteinen:

Speckstein in seinen physikalischen Eigenschaften und seiner chemischen Zusammensetzung im Vergleich zu anderen beim Skulptieren verwendeten Gesteinen:

Hartgestein

Granit
Hauptmineral:
Quarz, SiO_2
Härte 7
Dichte 2,65 g/cm³

Weichgestein

Kalkstein
Mineral:
Kalkspat, $CaCO_3$

Marmor (kristalliner Kalkstein)
Härte 3
Dichte 2,6–2,8 g/cm³

Gips
Mineral:
Gips, $CaSO_4$

Alabaster (Varietät des Gips)
Härte 1,5–2
Dichte 2,3 g/cm³

Speckstein (Steatit)
Mineral:
Talkum, $Mg_3(OH)_2Si_4O_{10}$
Härte 1
Dichte 2,7–2,8 g/cm³

Härte 1–2 ist mit dem Fingernagel ritzbar, 1–4 mit dem Messer ritzbar. Materialien mit der Härte 6–10 ritzen ihrerseits Fensterglas.

Speckstein kommt in vielen Ländern vor, u.a. auch in Deutschland. Er wird an den meisten Fundorten jedoch nur für technische bzw. industrielle Zwecke abgebaut. Das für Bildschnitzereien und plastische Arbeiten geeignete Material wird heute vorwiegend aus China, Ostafrika, Brasilien, Australien, Kanada (der Speckstein aus Kanada ist etwas härter) und Ägypten importiert.

In Kunst und Kunsthandwerk werden aus Speckstein in der Regel Kleinplastiken gearbeitet. Das hängt mit seinen physikalischen Eigenschaften und seinem Bruchsteincharakter zusammen.

Der Speckstein in der Kunst

Steatit ist ein seit Jahrtausenden für Skulpturen, Gebrauchsgegenstände und Bildschnitzereien verwendetes Material. In Mesopotamien wurden beispielsweise Rollsiegel (walzenförmige Siegel) aus Speckstein hergestellt. Im Iran waren schon im 3. Jahrtausend vor Christus Gefäße aus Speckstein im Gebrauch. Auch in der kretisch-mykenischen Kunst diente Speckstein als Material für Siegel und Gefäße. So ist der obere Teil eines trichterförmig geschwungenen Trinkgefäßes, eines sogenannten Rhytons, aus Steatit mit kunstvoller Reliefdarstellung aus der Zeit um 1500 vor Christus im Museum von Heraklion zu bewundern.

Auch in Ägypten reicht die Specksteinbearbeitung Jahrhunderte zurück.

China hat in älterer und neuerer Zeit eine Vielzahl von künstlerisch herausragenden und reichverzierten Specksteinskulpturen, Gebrauchsgegenständen und Schnitzereien hervorgebracht. Hier dient der billige Speckstein häufig als Ersatz für die wertvolle Jade.

In Afrika wurden Specksteinfiguren ebenfalls schon vor Jahrhunderten hergestellt, beispielsweise in der alten Simbabwe-Kultur, die ihre Blütezeit im 11. bis 15. Jahrhundert erlebte. Auch in Sierra Leone und in Guinea wurden alte Specksteinfiguren gefunden, sogenannte „Nomoli", männliche Figuren aus Speckstein, und „Pomtan", Menschen- und Tiergestalten aus demselben Material, von denen angenommen wird, daß sie im 15. und 16. Jahrhundert in den alten sakralen Königreichen Bullom und Temne entstanden sind.

Auch heute noch werden in Afrika Skulpturen aus Speckstein geschaffen, in erster Linie aber für den Tourismus.

Die kanadischen Eskimo (Inuit), die Speckstein früher nur zu Tranlampen verarbeitet hatten, begannen etwa seit Ende des 19. Jahrhunderts, Kleinplastiken aus diesem Material herzustellen. Die Specksteinskulpturen der Inuit fanden schnell internationale Anerkennung und stellen heute einen wichtigen Erwerbszweig der Eskimo dar.

Wie Funde belegen (beispielsweise Specksteinfunde aus der Wikingersiedlung Haithabu in Schleswig-Holstein, wikingerzeitliche Grabinventare in Norwegen usw.), kannten auch die Wikinger Speckstein. Sie stellten vor allem Gefäße und Gebrauchsgegenstände (Spinnwirtel, Beschwersteine, Gewichte, Schwungräder für Holzbohrgeräte, Senker für Fischereigeräte usw.) sowie Gußformen für Bronze- und Silberbarren und für Schmuck aus diesem Material her. Auf einigen Specksteingegenständen der Wikinger fanden sich sogar Verzierungen (Einritzungen) und Runeninschriften.

In Deutschland wurden unter anderem sehr schöne Speckstein-Plastiken im 18. Jahrhundert und zur Zeit des Art Deco gefertigt.

Langsam beginnt man sich wieder auf dieses für plastische Gestaltungen so hervorragend geeignetes Material zu besinnen.

Abgesehen von der künstlerischen und kunsthandwerklichen Bearbeitung findet Speckstein auch im technisch-industriellen Bereich vielseitige Verwendung: als Isoliermaterial, zur Elektrodenkeramik, in der Pharmazie, als Körperpuder (Talkum) und in der Schädlingsbekämpfung.

Abbildung 1

Voraussetzungen

Die Specksteinbeschaffung

Speckstein wird zwar auch in Deutschland abgebaut, doch ist dieses Material qualitativ für plastische Gestaltungen nicht geeignet, so daß der Werkstoff vor allem aus überseeischen Ländern importiert werden muß. Viele größere Bastelgeschäfte führen Speckstein. Wer jedoch eine besonders reichhaltige Auswahl und vor allem größere Stücke sucht, die Bastelgeschäfte aus Platzgründen meist nicht anbieten können, sollte sich Speckstein durch Versandfirmen, die auf Bastel- und Hobbybedarf spezialisiert sind, zusenden lassen. Der Nachteil bei dieser Form der Specksteinbeschaffung ist allerdings, daß in der Regel eine Mindestabnahme erforderlich ist. Für den Anfänger empfiehlt es sich daher, die ersten Stücke im Bastelgeschäft zu kaufen und später auf Versandfirmen überzugehen.

Voraussetzungen. Die Werkzeuge

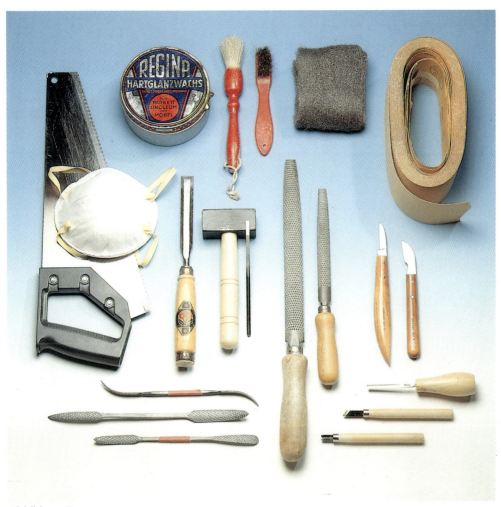

Abbildung 2

Die Werkzeuge

Abbildung 1 zeigt, wie wenige Werkzeuge derjenige benötigt, der mit Speckstein arbeitet. Säge, Grobraspel, Riffelraspel, Messer, Feilenbürste, Staubpinsel, Schleifpapier, Stahlwolle und farbloses Bohnerwachs stellen sozusagen die Minimalausrüstung des Speckstein-Bearbeiters dar. Hiermit können ohne Probleme auch anspruchsvollere Stücke gefertigt werden. Davon sind nur Grobraspel und Riffelraspel Spezialwerkzeuge, die extra angeschafft werden müssen. Die übrigen Werkzeuge sind in der Regel in den meisten Haushalten vorhanden.

Abbildung 2 zeigt eine reichhaltigere Werkzeugauswahl, die mit ihrer Vielfalt eher die Werkzeugausrüstung eines „fortgeschrittenen" Specksteinbearbeiters darstellt, der viel mit diesem Material arbeitet und sich ein Werkzeug nach dem anderen angeschafft hat.

Voraussetzungen. Die Werkzeuge

Die folgende Auflistung macht Sie mit Namen und Funktion der in Abbildung 2 gezeigten Werkzeuge in der Reihenfolge ihrer üblichen Benutzung vertraut:

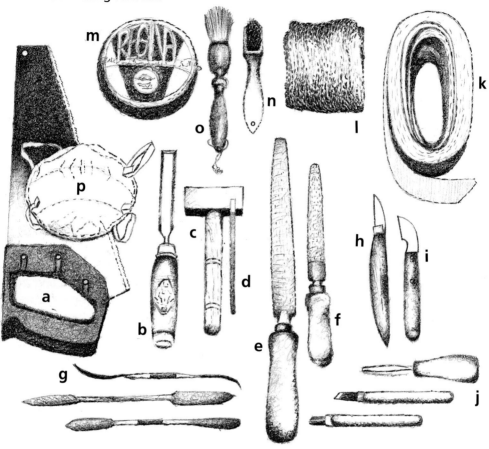

zum Sägen

a) Fuchsschwanz: zum Zersägen des Rohlings, Blattlänge 300–350 mm

Falls ein Fuchsschwanz nicht im Haushalt vorhanden ist, können auch andere Sägen verwendet werden. Zum Absägen kleinerer Teile eignet sich eine PUK-Säge (Blattlänge 147 mm, mit Sägeblättern für Holz).

zum Spalten

b), c) und **d) Flachmeißel, Fäustel- oder Steinmetzhammer und Sticheleisen:** zum Spalten des Rohlings und für das Wegnehmen kleinerer Steinstücke.

Alternativ, wenn kein Spezialwerkzeug angeschafft werden soll: Hammer und Meißel.

Voraussetzungen. Die Werkzeuge

zum Raspeln oder Feilen

e) und f) Grobraspeln mit Holzheft (flach/halbrund), Hieb 2, Hieblänge/Hiebbreite 200/20 mm oder 150/16 mm: zur Herstellung der Rohform

g) diverse Riffelraspeln, Hieb 3: für die Feinarbeit; besonders empfehlenswert: eine Seite oval, leicht gebogen, spitz auslaufend, die andere Seite flach gebogen mit rundem Raspelende.

Alternativ, wenn Ausgaben für Spezialwerkzeug gescheut werden: diverse Holzfeilen.

zum Schnitzen

h), i) Schnitzmesser (beispielsweise „Rosenmesser" und „Kerbschnitzmesser"): zum Schnitzen

Alternativ ist ein Kartoffelschälmesser auch geeignet

j) diverses Holz- oder Linolschnittwerkzeug (beispielsweise Flachhohleisen, Konturenmesser, Holzschnittmesser hohl): um Vertiefungen in den Stein zu schneiden bzw. zu schaben

zum Schleifen und Polieren

k) grobes Schleif(Schmirgel)papier, Körnung 100; Schleifpapier mittel bis sehr fein, Körnung 120–240: zum Glätten des Werkstücks

l) Stahlwolle der Stärke 000: zum Glätten und Polieren

m) farbloses Bohnerwachs: zum Polieren Alternativ kann auch farblose Schuhcreme oder ein spezielles Steinpoliermittel zum Polieren verwendet werden.

zur Säuberung des Werkzeuges

n) Feilenbürste: zum Säubern der Raspeln und Riffelraspeln

Als billigere Alternative ist auch eine Zündkerzenbürste (hier abgebildet) zum Säubern geeignet.

zur Sicherheit

o) Staubpinsel: zum Abbürsten des Steines (Damit vermeidet man das gesundheitsschädliche „Pusten", mit dem der Staub nur überall im Raum verteilt werden würde)

p) eine einfache Maske: als Atemschutz Für Brillenträger ist eine Maske mit Lüftung notwendig, um ein Beschlagen der Brille zu vermeiden.

Die Werkzeugübersicht in Abbildung 2 bedeutet nicht, daß jedes gezeigte Werkzeug nun unbedingt im Laufe der Zeit angeschafft werden muß. Es soll nur die Vielfalt möglicher Werkzeuge in der Specksteinbearbeitung verdeutlicht werden.

Am Anfang können Sie sich durchaus mit wenig Werkzeug (siehe Abb. 1) behelfen.

Voraussetzungen. Der Arbeitsplatz

Speckstein sollte im Gegensatz zu den härteren Gesteinsarten wie beispielsweise Granit oder Marmor möglichst nicht schlagend (Bruchgefahr!), sondern stets nur schabend, stichelnd oder auch sägend bearbeitet werden. Lediglich für das Zerlegen eines größeren Bruchsteines in kleinere Einzelteile ist ein Spalten des Steines mit Fäustel und Flacheisen bzw. Hammer und Meißel sinnvoll. Doch lassen sich die Bruchstellen bei dieser Vorgehensweise nicht genau kontrollieren, während sich beim Zersägen des Steines die Teilstücke genauer festlegen lassen.

Für die Herstellung der Rohform dienen als Werkzeuge Sägen und Grobraspeln. Spezialriffelraspeln, die ebenfalls in Bastelgeschäften oder durch Versand erhältlich sind, Feilen und Holz- oder Linolschnittwerkzeuge sowie u. U. auch Schnitzmesser oder einfache Küchenmesser sind für die Verfeinerung und Herstellung der Endform erforderlich. Grobes und feineres Schmirgelpapier und Stahlwolle der Stärke 000 wird für das Schleifen und Glätten des Werkstückes verwendet. Zum Schluß werden farbloses Hartwachs, farblose Schuhcreme oder ein spezielles Steinpoliermittel und ein weiches Tuch zum Polieren des Steines benutzt. Erst das Polieren bringt die volle Farbwirkung und Maserung zur Geltung.

Der Phantasie des Gestaltenden, welche Werkzeuge er neben den genannten noch verwenden will, sind keine Grenzen gesetzt. Mit mehr Erfahrung bei der Bearbeitung des Steatits entdeckt er vielleicht Werkzeuge, die nicht unbedingt typisch für die Bearbeitung dieses Materials sind, mit denen er aber gut arbeiten kann. Dabei mag auch der eigene Beruf u. U. eine Rolle spielen. Jemand aus dem zahnärztlichen oder zahntechnischen Bereich beispielsweise wird vielleicht alte zahntechnische Geräte für die Feinarbeit mit Speckstein benutzen. Auch Schraubenzieher und Bohrer sind – z. B. bei der Schmuckherstellung für das Bohren der Löcher – durchaus brauchbare Werkzeuge. Darüber hinaus kommen auch elektrotechnische Geräte zur Bearbeitung des Specksteins in Frage wie Bohr- und Schleifmaschine. Selbst eine Bearbeitung des Specksteins auf der Drechselmaschine ist gegebenenfalls möglich.

Der Arbeitsplatz

Da Speckstein – mit Ausnahme der Schnitzmesser – nicht mit scharfen Gegenständen bearbeitet wird, ist die Verletzungsgefahr relativ gering. Besondere Sicherheitsmaßnahmen sind daher nicht erforderlich. Jedoch ist es wünschenswert, einen einfachen Atemschutz (siehe Abb.) vor Mund und Nase zu tragen, da die Bearbeitung des Specksteins einen feinen Staub freiwerden läßt. Vor allem, wer häufig mit Speckstein arbeitet, sollte diesen Atemschutz anlegen. Für Brillenträger ist ein Mundschutz mit einem Ventil für die ausgeatmete Luft empfehlenswert, da sonst die Brille leicht beschlägt. Speckstein sollte in einem Raum bearbeitet werden, der leicht wieder vom anfallenden Staub gesäubert werden kann. Auf dem Arbeitstisch sollte eine Unterlage liegen (Plastik, Zeitungspapier oder ähnliches), von der der Staub leicht abgeschüttelt werden kann.

Das Formgefühl

Beim Gestalten mit Speckstein sind ein gewisses Form- und Reduzierungsgefühl sowie räumliches Vorstellungsvermögen von Nutzen.

Das Denken in dreidimensionalen Kategorien und ein Gefühl für die bestmögliche Form und deren ästhetische Wirkung (Formgefühl) sind beim Herausarbeiten einer Form aus dem Speckstein hilfreich. Dieses Formgefühl entwickelt sich mit der Zeit. Speckstein wird skulptierend bearbeitet, d. h. wegnehmend von außen nach innen und nicht, wie beispielsweise Ton, aufbauend von innen nach außen. Besonders der Anfänger hat u. U. Angst, ein Stück unwiderruflich zu ruinieren, indem er zuviel wegnimmt, und der Stein nicht mehr genug Masse bietet, um den Fehler zu korrigieren. Ein Reduzierungsgefühl, also ein Gefühl dafür, was „weg" muß und was nicht, ist demzufolge beim Arbeiten mit diesem Material recht nützlich. Jedoch sollte der Anfänger auch nicht zuviel „Angst" und „Respekt" vor dem unbearbeiteten Stein haben.

Das räumliche Vorstellungsvermögen ist wichtig, um eine Plastik zu schaffen, die von allen Seiten ästhetischen Ansprüchen genügt, und nicht nur eine „Schokoladenseite" hat. Durch Fernsehen, Zeitschriften, Zeitungen, Bücher etc. sind wir heute mehr auf die Wahrnehmung zweidimensionaler Bilder fixiert, so daß es gar nicht so einfach ist, etwas zu schaffen, das dreidimensional wahrgenommen wird. Hier tritt ein weiteres Sinnesorgan hinzu: das Haptische. Jeder kennt das Bedürfnis, eine Plastik berühren zu wollen, um sie noch intensiver wahrnehmen zu können. Ein ausgeprägter Tastsinn, mit dem eine Form „erfühlt" wird und die Fähigkeit, sich etwas, was man gestalten möchte, räumlich vorzustellen, gehören also eng zusammen.

Formgefühl, Reduzierungsgefühl und räumliches Vorstellungsvermögen sind Fähigkeiten, die man, falls sie nicht schon von vornherein vorhanden sind, mit der Zeit erlernen, entwickeln und ausbauen kann. Ausgehend von kleineren Rohsteinen und einfachen, allgemein bekannten Formen entwickelt sich langsam ein Gefühl für den Stein und das dreidimensionale, wegnehmende Arbeiten. Auch das genaue Studium von plastischen Vorbildern (auch in anderen Materialien) in Kunstmuseen, Galerien, Völkerkundemuseen und dergleichen ist hilfreich.

Daneben ist die genaue Naturbeobachtung ein wichtiger Faktor. Häufig haben wir verlernt, genau hinzuschauen und eine Form wirklich wahrzunehmen. Wollen Sie beispielsweise einen Elefanten aus Speckstein arbeiten, dann gehen Sie ruhig in den Zoo. Schauen Sie sich einen Elefanten genau an und versuchen Sie ihn als ersten Schritt, bevor Sie sich an den Stein wagen, zu zeichnen, um so seine Form zu begreifen. Es kommt dabei gar nicht auf die Erfassung der Details an, sondern auf das Wahrnehmen und Erspüren der wesentlichen und für dieses Tier typischen Form. Das Zeichnen bewirkt eine verstärkte Auseinandersetzung mit den Formmerkmalen, die Ihnen dann bei ihrer eigentlichen praktischen Arbeit mit dem Stein zugute kommt. Das gilt für alle anderen Formen genauso.

Grundprinzipien des Skulptierens

Speckstein wird wie alle natürlichen Gesteine und Kunststeine (Ytong) skulptierend, das heißt wegnehmend von außen nach innen bearbeitet. Das setzt, wenn man schon einmal mit Ton aufbauend von innen nach außen gearbeitet hat, einiges Umdenken voraus. Deswegen sollte sich ein Anfänger bei seinen ersten Arbeiten immer möglichst an die vorgegebene Bruchsteinform halten. Jeder rohe Speckstein ist zunächst einmal eine Herausforderung. Eine Art Zwiesprache und das Einfühlen in die spezielle Form des gewählten Steines und die sich daraus ergebenden gestalterischen Möglichkeiten sollten dem Bearbeiten vorausgehen. Lassen Sie sich ruhig von Ihren Assoziationen zu dem Rohstein leiten: Die ersten Anregungen und Ideen, die sich spontan in bezug auf einen Stein ergeben, sind häufig die ergiebigsten.

Grundprinzipien des Skulptierens

Neben der Ausnutzung der Gesteinsform bietet sich beim plastischen Gestalten mit Speckstein darüber hinaus das Einbeziehen der Farbe und vor allem auch der Maserung in die Gestaltungsabsicht an. Dies sollte jedoch erst der zweite Schritt sein; die Form sollte den Ausschlag geben. Um die Farbe und Maserung besonders deutlich vor Augen zu haben, empfiehlt es sich, den Rohstein zu benässen. Die Farbe und Maserung, die beim fertigen Stück durch die Politur zur Geltung kommen, sind jetzt im nassen Zustand deutlich erkennbar. Betrachten Sie den befeuchteten Stein und überlegen Sie, ob vielleicht spezielle Farbeffekte oder Maserungen zusätzlich zur Form des Rohsteins ihre Gestaltungsideen anregen können. Vielleicht haben Sie beispielsweise einen schwarzen Speckstein mit weißer Maserung, und Ihnen kommt die Assoziation, daß nicht nur die Form, sondern auch die schwarzweiße Farbgebung für einen Seehund oder Pinguin naheliegend ist.

Eine Zeichnung der angestrebten Form kann Ihrer gestalterischen Arbeit vorausgehen. Eine andere mögliche Vorgehensweise ist es, gleich ohne bestimmte Vorstellung „drauflos" zu arbeiten, so daß sich die Endform erst spontan während des Arbeitsprozesses ergibt. Eine dritte Möglichkeit ist, eine Idee, die Ihnen vorschwebt, aus Ihrem Vorstellungsvermögen heraus unmittelbar – ohne Zeichnung – aus dem Stein „herauszuschälen".

Wenn Ihnen der Rohstein dazu geeignet erscheint, können Sie auch eine fremde Vorlage zu Hilfe nehmen, beispielsweise eine Tierabbildung aus einem Tierbuch oder einer Zeitschrift, und nach dieser Vorlage arbeiten, sie abwandeln, erweitern etc. Es ist auch denkbar, wenn der Stein dies zuläßt, die Umrisse der gewünschten Plastik auf den von den gröbsten Rauhheiten bereinigten Stein aufzuzeichnen und danach die Gestaltung vorzunehmen.

Dabei sollte man sowohl die Vorder- als auch die Seitenansichten markieren, um die Dreidimensionalität zu berücksichtigen und um sicherzugehen, daß der Stein insgesamt genug Materialfülle bietet, um die geplante Plastik in ihrer Gesamtheit von allen Seiten ausführen zu können.

Zum Aufzeichnen der Umrisse auf den Stein eignen sich am besten Kohlestifte oder Kreide. Von der Verwendung eines Filzstiftes ist abzuraten, da sich die Fasern mit dem Steinstaub vollsaugen und dann nicht mehr schreiben.

Wenn ein Rohstein Sie anfangs zu keiner Formidee inspiriert, kann das Zeichnen des Rohsteins selbst u. U. das Auffinden einer Form, die sich zum Gestalten anbietet, erleichtern. Eigenheiten und Besonderheiten werden beim Skizzieren stärker wahrgenommen, und die Auseinandersetzung mit dem Stein wird vertieft.

Haben Sie generell keine Angst vor Zeichnungen, und erschweren Sie sich die Arbeit nicht, indem Sie sich einreden, Sie könnten keine Skizze anfertigen. Schließlich muß die Zeichnung nicht perfekt und künstlerisch herausragend sein, sondern sie soll Ihnen lediglich als Anhaltspunkt für Ihre spätere plastische Arbeit dienen.

Falls Sie eine Skizze der gewählten Form, ob nun figürlich oder abstrakt, angefertigt haben, sollten Sie nicht unbedingt „sklavisch" an dieser festhalten, sondern sie lediglich als Gestaltungsidee auffassen, die eventuell während der praktischen Arbeit auch wieder verworfen oder abgewandelt werden kann.

Weniger wichtige Details wie beispielsweise Form der Füße, Feinheiten des Gesichts etc. müssen nicht unbedingt schon bei der Skizze geklärt werden, sondern werden meist erst im Verlauf der praktischen Arbeit entwickelt.

Einfache Objekte. Briefbeschwerer

Einfache Objekte

Als erste Arbeit bietet sich die Fertigung eines Briefbeschwerers, eines Handschmeichlers oder einer sehr einfachen Tierform an.

Briefbeschwerer

Das Anfangsstück dient dem Vertrautwerden mit Material und Werkzeug.
Es soll eine einfache Form erarbeitet werden, die sich eng an die Rohform des Steines anlehnt und an der exemplarisch die Vorgehensweise bei der Steinbearbeitung erfahren wird. Das fertige Stück kann als Briefbeschwerer den Schreibtisch schmücken, die Fensterbank zieren oder anderes mehr.
Der Stein sollte etwa Faustgröße haben.

Einfache Objekte. Briefbeschwerer

Wenn ein so kleiner Stein nicht zur Verfügung steht, kann man einen größeren Stein zersägen (siehe Abb.) oder mit Fäustel und Flachmeißel spalten; wenn dieses Spezialwerkzeug nicht zur Hand ist, kann man auch Hammer und Meißel einsetzen.

Betrachten Sie den gewählten Rohstein in Ruhe, lassen Sie ihn auf sich einwirken, wenn Sie nicht zu ungeduldig sind, auch ruhig über mehrere Tage. Greifen Sie dann erst von Ihren Assoziationen, wie Sie den Stein gestalten möchten, diejenige heraus, die Ihnen besonders zusagt und gleichzeitig einfach zu verwirklichen ist.

Rohstein

Kleines Tier als Briefbeschwerer

Dieses Stück ist von einem größeren Stein abgesägt worden, so daß eine ebene Standfläche vorhanden ist. Die hochgewölbte Rundung des Steines läßt an einen Tierrücken denken. Der kleine Vorsprung links erinnert an einen Tierkopf. Aufgrund dieser Vorstellungsinhalte ergibt sich die Idee, eine Plastik zu schaffen, die an eine Tiergestalt erinnert, jedoch kein konkretes Tier darstellt.

Zeichnung Nr. 1 verdeutlicht anhand einer Skizze des Rohsteins und der darin eingezeichneten Umrisse des angestrebten Phantasietieres, wie die Form des Steines der Gestaltungsidee entgegenkommt und was vom Rohstein weggenommen werden muß, um die gewünschte Form zu erhalten.

Zeichnung Nr. 2 führt die aus dem Stein herauszuarbeitende Tierform noch einmal besonders plastisch vor Augen.

Einfache Objekte. Briefbeschwerer

Erster Schritt

Zuerst wird der Stein mit der Grobraspel von den gröbsten Unebenheiten befreit.

Irritierende Erhebungen und Vertiefungen, die nicht Teil der Gestaltumg sein sollen, werden weggenommen. Man nähert sich behutsam der angestrebten späteren Form.

Auch der Zwischenraum zwischen Vorder- und Hinterbeinen wird mit der Grobraspel ausgearbeitet.

Einfache Objekte. Briefbeschwerer

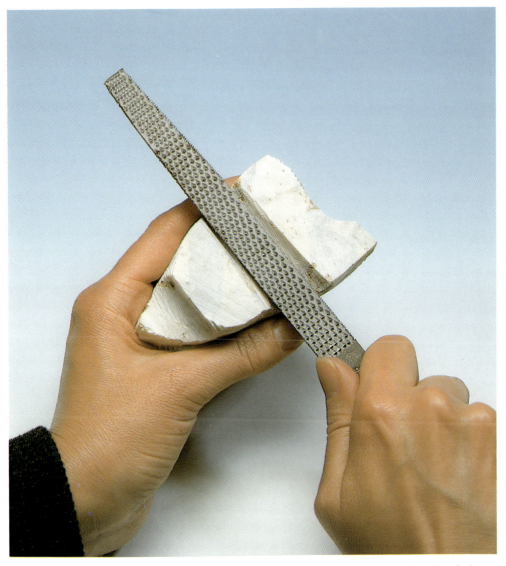

Weiterbearbeitung

In diesem Fall entspricht der Zwischenraum zwischen Vorder- und Hinterbeinen in etwa der Breite der Grobraspel. Auf die gleiche Weise ist auch die geschwungene Auskehlung des Tierkopfes vorgenommen worden.
Die ungefähre Rohform liegt nun vor.

Einfache Objekte. Briefbeschwerer

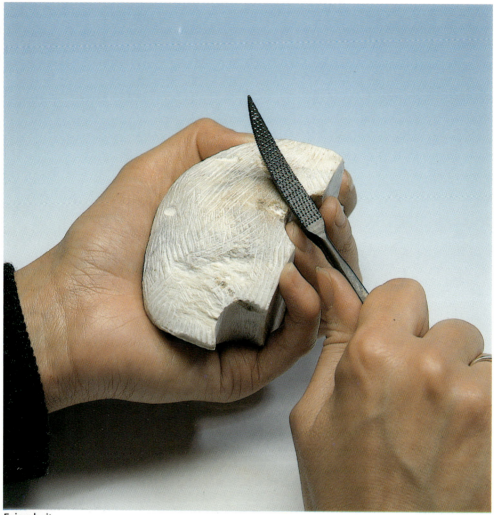

Feinarbeit

Das Ausarbeiten der Feinheiten der Form erfolgt mit der Riffelraspel, die es mit ihrem gebogenen Ende erlaubt, Vertiefungen, geschwungene und runde Formen zu schaffen.

Neben der Riffelraspel, oder wenn diese nicht zur Verfügung steht, können auch Feilen oder grobes Schmirgelpapier benutzt werden.
Durch die Arbeit mit der Riffelraspel ist die endgültige Form festgelegt.

Danach wird mit Schleif(Schmirgel)papier das Werkstück geglättet. Hierbei ist es wichtig, quer zu den Rillen, die bei der Arbeit mit der Grob- und Riffelraspel entstanden sind, zu arbeiten.
Als Schleifpapier verwendet man zuerst grobes Schleifpapier mit der Körnung 100. Danach kann man mit feinerem Schleifpapier nachglätten. Das Schmirgelpapier kann man je nach Bedarf in kleinere Stücke zerreißen, um an weniger gut zugängliche Stellen zu kommen.

Einfache Objekte. Briefbeschwerer

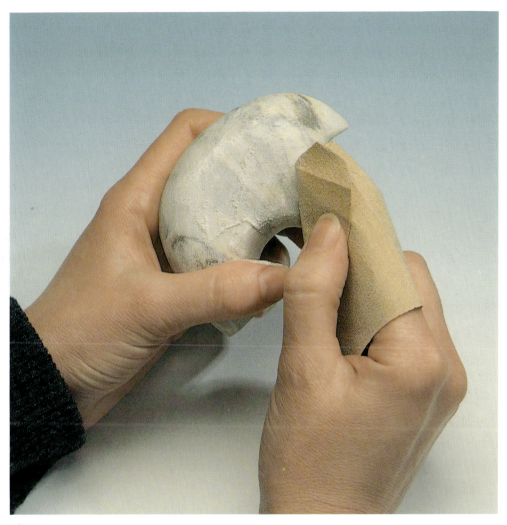

Glätten

Es ist auch möglich, den Stein mit Naßschleifpapier zu glätten. Dies hat den Vorteil, daß der sonst anfallende feine Staub gebunden wird.
Mit Stahlwolle der Stärke 000 wird nach der Arbeit mit Schleifpapier das Werkstück noch feiner geglättet und poliert. Farbe und Maserung des Steines treten jetzt schon recht deutlich hervor. Die Arbeit kann mit trockener Stahlwolle vollzogen werden. Dabei entsteht feiner Staub. Dies kann beim Einsatz von nasser Stahlwolle vermieden werden, jedoch rostet die nasse Stahlwolle sehr schnell und kann dann nicht noch einmal verwendet werden.

Einfache Objekte. Briefbeschwerer

Polieren

Der letzte Schritt ist dann die Oberflächenbehandlung mit Hartwachs (farblose Schuhcreme, farbloses Bohnerwachs, Bienenwachs) oder einem Steinpflegemittel. Mit einem weichen Tuch wird der Stein nach dem Einwachsen nachpoliert. Man merkt schon nach dem ersten Einwachsen, daß der Stein viel von der Politur aufsaugt, so daß das Wachsen und Nachpolieren je nach Bedarf mehrmals wiederholt werden muß.

Das fertige Stück zeigt, wie unter Berücksichtigung der natürlichen Rohsteinform eine Tiergestalt entstanden ist, die für den Anfänger aufgrund ihrer klaren, einfachen und schlichten Form nicht zu schwierig ist. Es mußte von dem Rohstein nicht allzuviel weggenommen werden – am meisten im „Rückenbereich"; die Tatsache, daß kein bestimmtes, d. h. kein eindeutig identifizierbares Tier gewählt wurde, erlaubte eine Kon-

Einfache Objekte. Briefbeschwerer

Fertiges Stück

zentration auf das Wesentliche einer möglichen Tiergestalt ganz allgemein.
Die Phantasie des Betrachters wird bei diesem Beispiel angeregt, sich selbst ein Tier vorzustellen, was durchaus den Reiz einer Plastik ausmachen kann.

Nach der Politur kommt, besonders im mittleren Bereich, die Maserung mit den schwarzgrauen Einsprengseln, die sich beim Rohstein schon andeutete, schön zur Geltung und verleiht der Plastik zusätzliche Lebendigkeit.

Einfache Objekte. Briefbeschwerer

Einfacher Briefbeschwerer in Muschelform

Dieser Rohstein eignet sich für den Anfänger besonders gut, weil er ausgezeichnet in der Hand liegt: Das heißt, er kann in die linke Hand genommen und mit der rechten bearbeitet werden.
Seine flache Unterseite gestattet es aber auch, ihn auf dem Tisch liegend zu bearbeiten.
Seine Form ist einfach und klar. Außerdem hat der Stein durch die flache Unterseite

schon eine Standfläche, deren Unebenheiten mit wenig Zeitaufwand geglättet werden können.

Man könnte mit diesem Stein spontan eine Dreiecksform assoziieren, aus der sich bei längerem Betrachten ein muschelähnliches Gebilde ableiten läßt.

Die fertige Plastik zeigt, wie nahe die Gestaltungslösung an der Grundform des ursprünglichen Rohsteines orientiert ist. Die Dreiecksform des Steines wurde beibehalten, ebenso dessen „Abschüssigkeit", d. h. seine abfallende Tendenz nach schräg unten.

Die Anregung zur Aufgliederung in Rillen oder Falten lieferten die Zacken des Rohsteines. Die facettenartige Gliederung hat auch den Vorteil, daß das fertige Stück durch den Wechsel von Vertiefung und Erhöhung eine Belebung erhält, die um so notwendiger ist, da die gleichmäßig weiße Färbung des Steines nicht durch eine Maserung aufgelockert wird.

Die Einkerbung der Rillen erfolgt am zweckmäßigsten mit einer vorne spitz zulaufenden Riffelraspel oder mit einem Linolschnittmesser (Hohleisen). Auch ein hohles Holzschnittmesser ist geeignet. Hierbei hält man den zu bearbeitenden Stein mit vier Fingern der linken Hand, während der linke Daumen das mit der rechten Hand gehaltene Werkzeug „führt" und ein Abrutschen des Schnittmessers und somit ein Verletzen der linken Hand verhindert (siehe Zeichnung).

Einfache Objekte. Briefbeschwerer

Handschmeichler

Ein sogenannter „Handschmeichler" ist ebenfalls eine beliebte Anfängerarbeit. Hierbei kommt es darauf an, eine Form zu schaffen, die angenehm in der Hand liegt und die einfach und unkompliziert ist.

Einfache Objekte. Stifteablage

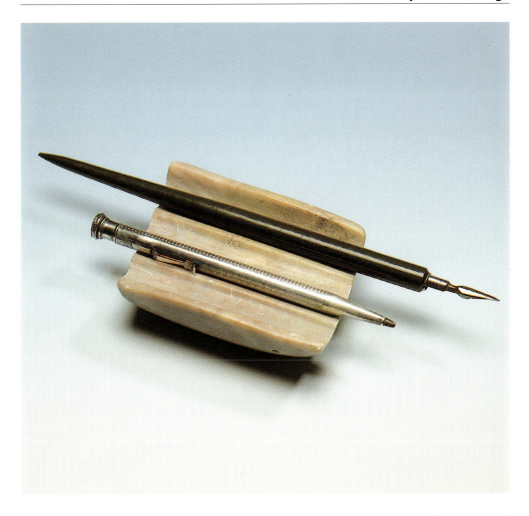

Stifteablage

Wenn man eine Stifteschale aus Speckstein machen will, empfiehlt es sich, aus einem größeren Rohstein ein etwa 1½ bis 2 cm dickes, längliches Stück herauszusägen. Es sollte so lang sein, daß die gewünschten Stifte je nach Geschmack genau in die Schale passen oder etwas überstehen.

Bei der Bearbeitung gestalten Sie den äußeren Umriß der Schale entsprechend der Steinform oder nehmen auch etwas Stein weg, wenn die Steinform Ihnen nicht zusagt. Die Mulde zur Aufnahme der Stifte wird etwa 5–6 mm tief mit der Grobraspel vorgearbeitet; die Ablagefläche sollte möglichst eben sein (Arbeit mit Grobraspel siehe Abb. nächste Seite). Wenn die Oberfläche nicht zu rauh ist, können Sie u. U. auf die sich daran anschließende Arbeit mit der Riffelraspel oder der Feile verzichten und gleich mit Schleifpapier quer zu den Bearbeitungsspuren der Grobraspel abschleifen. Sie verfahren auf diese Weise ebenso bei der äußeren Steinform. Danach wird das Werkstück, wie im vorhergehenden Kapitel beschrieben, poliert.

Einfache Objekte. Stifteablage

Wenn Sie eine besonders raffinierte Stifteschale herstellen wollen, kann auch für jeden Stift eine eigene Rille ausgearbeitet werden (am zweckmäßigsten mit der Riffelraspel). Die Abbildung S. 31 zeigt ein Beispiel für eine solche Rillenstifteschale.

Einfache Objekte. Stifteablage

Für die Herstellung einer richtigen Schale oder z. B. auch eines Aschenbechers müssen Sie den Stein Schritt für Schritt aushöhlen, was manchmal recht langwierig sein kann. Es gibt dazu spezielle Aushöhlraspeln. Sie können aber auch mit breiterem Hohlbeitel und Grobraspeln und anschließend nicht zu kleiner löffelartig gebogener Riffelraspel arbeiten.

Einfache Tierfiguren

Vorgehensweise

Wenn Sie ein Tier gestalten wollen, schauen Sie den Rohstein genau an, und lassen Sie seine Form auf sich einwirken, damit Sie erkennen, welche Tiergestalt zu dem Stein „paßt" und ob der Stein überhaupt genug Masse bietet (Höhe, Tiefe, Breite), ein bestimmtes Tier aus ihm herauszuarbeiten. Für ein längliches, schmales Tier (z. B. Fisch, Eidechse) ist ein länglicher Stein geeignet, für ein massiges Tier wie z. B. einen Elefanten oder ein Nashorn ein kompakter Stein. Wenn ein Stein Sie spontan an ein bestimmtes Tier erinnert, darf also die Überprüfung, ob der Stein in seiner Gesamtheit zur plastischen Gestaltung des vorgestellten Tieres geeignet ist, nicht fehlen.

Der Anfänger wird vielleicht zuerst davor zurückschrecken, ein Tier zu erarbeiten, da er glaubt, die Tiergestalt anatomisch nicht richtig herausarbeiten zu können. Hier ist es hilfreich, sich vor Augen zu führen, daß sich jedes Tier auf verschiedene geometrische Grundformen zurückführen läßt. Studien an Tieren in der freien Natur, im Zoo oder an Abbildungen in Tierbüchern helfen, die wesentlichen „Bausteine" eines bestimmten Tieres zu erfassen: Würfel, Zylinder, Kugel, Kegel sowie Abwandlungen wie z. B. Ei, Linse etc.

Nachfolgend finden Sie Beispiele solcher geometrischen Aufgliederung:

Fisch

Die Skizze verdeutlicht die wesentlichen Grundformen, aus denen sich ein Fisch zusammensetzt. Längliches Oval (Linse) als Körper und Dreieck als Schwanzflosse sind die bestimmenden Gestaltungsmerkmale. Eine Art Bogen als Rückenflosse und zwei Trapeze als Brust- und Bauchflosse vervollständigen das Bild. Die Feinarbeit und spezielle Ausformung kann dann am Speckstein durch Einritzungen oder durch reliefartiges Hervortreten erreicht werden: Auge und Maul als deutliche Auskerbungen, Kiemenansatz, deutliche Trennung von Kopf und Körper, spezielles Muster der Schwanzflossen, „Mittellinie" etc.

Vogel, Ente und Pinguin

Hier sind die bestimmenden Grundformen Ei, Kugel und Kegel sowie Dreiecke für die Flügel.

Elefant

Die Gestalt des Elefanten ist schon etwas komplizierter. Doch die Zeichnung verdeutlicht, daß auch hier die Tierfigur in bestimmte geometrische Formen aufgegliedert werden kann. Entsprechend dem komplizierten und komplexen Aufbau dieses Tieres ergibt sich im Vergleich zu den vorhergehenden Beispielen von Fisch, Vogel und Pinguin jedoch eine größere Vielzahl geometrischer Formen. „Verzierungen" und eine Abmilderung der strengen geometri-

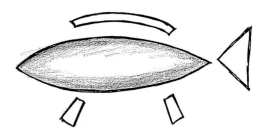

Einfache Tierfiguren. Vorgehensweise

schen Linien durch Rundungen führen dann über die geometrische Aufgliederung hinaus zu einem glaubwürdigen Elefanten, der die geometrische Aufsplitterung nicht mehr erkennen läßt.
Wenn man diese Prinzipien beachtet, fällt es schon leichter, die typische Gestalt eines Tieres aus dem Stein herauszuschälen.

Da Speckstein – auch durch seine Weichheit bedingt – ein Material ist, das eine Konzentration auf das Wesentliche einer Form nahelegt, also ein formvereinfachendes Arbeiten empfiehlt, kann durchaus auf schwierige Details verzichtet werden, ohne daß dem Gesamteindruck einer Plastik Abbruch getan wird.

Einfache Tierfiguren. Vorgehensweise

Einfache Tierfiguren. Vogel

Rohstein

Vogel

Hier haben wir einen braun-beigen Rohstein vor uns, der für ein etwa 10 cm hohes Tier geeignet ist. Wenn man den Stein länger auf sich wirken läßt, drängen sich folgende Ideen für mögliche Tierdarstellungen auf:
a) ein Eichhörnchen mit hochgestelltem Schwanz
b) ein Vogel mit hochgespreizten Schwanzfedern (wie zum Beispiel ein radschlagender Pfau)
c) Wenn man den oberen „Gipfel" wegnimmt, wäre auch ein Goldhamster (typische Schnauzenform) oder ein Hase als Tierplastik denkbar.
Von den genannten Ideen ist hier b), der Vogel mit hochgespreizten Schwanzfedern, gewählt worden. Bei c), dem Goldhamster oder Hasen, hätte sich zusätzliche Mehrarbeit durch das Wegnehmen des oberen Teils des Steines ergeben. Bei a), dem Eichhörnchen, bestände bei der Ausgestaltung des Schwanzes die Gefahr des Wegbrechens. Deshalb wurde b), der Vogel mit hochgestellten Schwanzfedern, gewählt.

Einfache Tierfiguren. Vogel

Dieser Zwischenschritt zeigt ein mittleres Stadium der Bearbeitung. Kopf und Hals sind mit der Grobraspel und anschließend mit der Riffelraspel schon relativ weit ausgearbeitet, während der hintere Teil noch ziemlich roh und unbearbeitet erscheint. Nur im unteren Teil ist schon etwas weggenommen und geglättet worden.

Bei diesem Beispiel wird ein Schnitzmesser, ein sogenanntes Rosenmesser, benutzt, um ein Auge des Vogels herauszuarbeiten. Dazu wird von oben eine Höhlung als Auge in den Stein gekerbt.

Wenn kein spezielles Schnitzmesser vorhanden ist, kann auch ein einfaches Kartoffelschälmesser oder die Spitze eines Holzbohrers benutzt werden.

Einfache Tierfiguren. Vogel

Der fertige Vogel zeigt, wie die Erhöhung des Rohsteines auf der linken Seite für die hochgestellten Flügel und die gespreizten Schwanzfedern genutzt wurde, während das Vorspringen des Steines rechts Platz bot für den Hals und Schnabel des Tieres.

Die gewählte gestalterische Lösung erlaubte es, eine Tierplastik zu schaffen, ohne allzuviel vom Stein wegnehmen zu müssen.

Einfache Tierfiguren. Ente

Ente

Als Motiv wurde eine schlafende Ente gewählt, die den Kopf einzieht. Auf diese Weise wird es vermieden, den relativ dünnen Hals der Ente auszuarbeiten. Darüber hinaus ist die Schlafstellung durchaus typisch für eine Ente. Um die charakteristische Kopfhaltung besonders hervorzuheben, wurde der Kopf im Verhältnis zum Gesamtkörper etwas größer gestaltet.

Schlange

Hier ist mit einfachsten Mitteln und der oben beschriebenen Reduktion auf das Wesentliche die Darstellung einer Schlange gelungen. Da der Werkstoff sich nicht für das realistische Herausarbeiten von sehr länglichen, sehr schmalen Tieren wie beispielsweise einer Schlange eignet, wurde diese Schwierigkeit umgangen, indem die Schlange aufgerollt zu einem Oval in abstrahierter Weise geformt wurde. Auf die Durchbrechung in der Mitte hätte auch verzichtet werden können. Auf das Herstellen von Durchbrechungen und Löchern generell wird an anderer Stelle eingegangen.

Wie schon bei dem muschelähnlichen Briefbeschwerer erläutert, können auch hier die Rillen mit dem spitz zulaufenden Ende der Riffelraspel oder auch mit einem Linol- oder Holzschnittmesser (am besten geeignet sind hier Rilleisen oder Konturenmesser) ausgearbeitet werden.

Einfache Tierfiguren. Schlange

Einfache Tierfiguren. Fische

Fische

Länglicher Fisch

Fische eignen sich vorzüglich zur plastischen Gestaltung mit Speckstein, da sie eine unkomplizierte, einfach nachzuvollziehende, geschmeidige und wenig gegliederte Gestalt besitzen, die der Weichheit des Materials und der daraus resultierenden Tendenz zur Formvereinfachung entgegenkommt.

Als zusätzliches Gestaltungsmittel bieten sich zur Verdeutlichung spezifischer Merkmale Einritzungen und Einkerbungen an. Bei diesem Beispiel sind die Kiemendeckel und Augen mit einem Schnitzmesser in den Stein gekerbt worden.

Auch die Andeutung von Flossen ist durch Einritzungen denkbar.

Da der Fisch als schwimmendes Lebewesen naturgemäß keine Beine hat, die ihn mit dem Erdboden verbinden, kann man ihn, um sein Dahingleiten im Wasser zu verdeutlichen, z. B. mittels eines Stabes in der Luft „schweben" lassen. Dazu wird ein Loch in seine Unterseite gebohrt. Ideal hierfür ist eine Elektrobohrmaschine, sonst ein Hohleisen (Hohlbeitel), das senkrecht aufgesetzt und mit dem drehend ein Loch gebohrt wird. Danach wird ein passender Glas-, Holz-, Metall- oder Plexiglasstab in dem Loch befestigt (eingeklebt mit Hartkleber). Vorher hat man eine Art Sockel hergestellt, der z. B. aus Holz oder wie in diesem Fall ebenfalls aus Speckstein bestehen kann. Die interessante Maserung des Steines belebt die einfache und eher strenge Gestalt des Tieres und erzeugt Spannung und Aufmerksamkeit.

Einfache Tierfiguren. Fische

Weißer Fisch auf Sockel

Hier ist ein etwas kleinerer und kompakterer Fisch auf einen schwarzen Specksteinsockel geklebt worden. Der weiße Speckstein weist in diesem Fall keine Maserung auf; die Figur erfährt aber Belebung durch das plastische Hervortreten der Flossen (Werkzeug: Riffelraspel) und dem an den dünnen Stellen fast durchscheinenden Charakter des weißen Specksteines.

Einfache Tierfiguren. Vogel auf Glasstange. Doppeltier

Vogel auf Glasstange

Eine weitere Tiergruppe, die sich meist ohne Erdhaftung bewegt, sind die Vögel. Auch hier kann man, wenn man das Schwebende eines Vogels betonen will, seine Gestalt mittels eines Stabes über den Erdboden erheben. Ein Stab kann aber auch wie im vorliegenden Fall als Ersatz für das mit Speckstein schlecht darstellbare lange, dünne Stelzbein eines Vogels dienen.
Der Flügel des Vogels ist bei diesem Beispiel nur reliefartig und durch Einkerbungen (Schwungfedern) angedeutet.

Doppeltier

Dieses „Doppel-" bzw. „Fabeltier" ist trotz seiner Schlichtheit nicht ganz einfach zu formen. Da sich das Horn wegen der Gefahr des Abbrechens nicht frei über den Kopf erheben kann, ist es reliefartig an den Körper angelegt worden, ist aber trotzdem noch als Horn deutlich erkennbar. Für die Beine mußte ebenfalls eine annehmbare Lösung gefunden werden. Sie dürfen wegen der Weichheit des Steines nicht zu lang und dünn sein, müssen das Gewicht des Körpers tragen und die Massigkeit des Tieres betonen, außerdem aber auch eine feste, stabile Standfläche bilden. Eine mögliche Lösung ist es, jeweils zwei Beine (Vorder- bzw. Hinterbeine) zu einem zusammenzufassen. Dadurch ist dann ein fester Stand gewährleistet. Der halbkreisförmige Freiraum zwischen Vorder- und Hinterbeinen wurde im wesentlichen mit der gebogenen Seite der Grobraspel freigelegt. Die geschwungene Rückenlinie lockert ebenso wie die Maserung des Steines die gedrungene Gestalt des Körpers auf.

Einfache Tierfiguren. Phantasietierkopf

Phantasietierkopf

Es muß nicht immer ein tatsächlich existierendes Tier sein, das Sie naturgetreu aus Speckstein nachbilden. Auch ein Phantasietier oder ein Phantasietierkopf kann sehr reizvoll sein. Ihrer Einbildungskraft sind in dieser Richtung keine Grenzen gesetzt.
Bei diesem Phantasietier oder Phantasietierkopf ist das Auge als vollkommen durchgebohrtes Loch gearbeitet. Hierzu wurde eine elektrische Bohrmaschine benutzt. Die Arbeit kann aber auch mit einem Hohleisen (Anleitung hierzu siehe S. 42) oder eventuell mit einem Holzbohrer durchgeführt werden. Auf weitere Möglichkeiten, Löcher oder Durchbrechungen auszuführen, wird (im Text auf Seite 46) weiter eingegangen. Der schlanke, nach unten spitz zulaufende Wulst kann sowohl ein Horn als auch ein längliches Ohr darstellen.

Einfache abstrakte Formen. Abstrahierte Eule

Einfache abstrakte Formen

Das Material Speckstein eignet sich gut für eine abstrakte Gestaltungsweise. Auch bei abstrakten Arbeiten sollte man sich aber an die Rohform des Steines halten und eine für den vorhandenen Stein passende Form finden. Bei abstrakten Arbeiten klärt sich die endgültige Form häufig erst während des Arbeitsprozesses, da Vorgaben und Sehgewohnheiten anders als beim gegenständlichen Arbeiten in der Regel keine Hilfe bieten und die Form trotzdem ästhetisch glaubwürdig sein muß.

Abstrahierte Eule

Die Grenze zwischen Abstraktion und einer noch erkennbaren gegenständlichen Form ist nicht immer klar zu ziehen. Letztendlich bleibt es dem Betrachter überlassen, ob er in dieser Figur noch ein Tier, vielleicht eine Eule, erkennen will oder ob er eine rein abstrakte Form darin sieht.

Die seitlichen Durchbohrungen lockern die sehr kompakte Gestalt etwas auf. Sie wurden in diesem Fall mit der Bohrmaschine vorgearbeitet und mit der Riffelraspel erweitert. Wenn keine Bohrmaschine vorhanden ist, können die Löcher insgesamt mit der Riffelraspel oder mit einem Linolschnittwerkzeug (Hohleisen) bzw. einem Hohlbeitel ausgehöhlt werden.

Einfache abstrakte Formen. Tiergruppe

Tiergruppe

Auch diese Plastik kann als rein abstrakt empfunden oder als eine Art Dreiertiergruppe gedeutet werden. Obwohl es sich bei der möglichen Deutung als Dreiertiergruppe nicht um genau identifizierbare Tiere handelt, könnten die schlanke Gestalt und die drei kopfartigen Erhebungen beispielsweise an Pinguine erinnern. Die Anordnung als Dreiergruppe ergab sich durch die Steinform, die von vornherein drei Erhebungen aufwies, die ausgearbeitet wurden. Schon vorhandene Furchungen des Rohsteines wurden zur Untergliederung und Unterteilung in drei „Körper" genutzt. Als Werkzeug hierzu diente die Riffelraspel.

Einfache abstrakte Formen. Geometrische Einkerbung

Geometrische Einkerbung

Der Weichheit des Materials entsprechend eignen sich runde, fließende oder geschwungene Formen besonders gut zur Gestaltung mit Speckstein.
Die Einkerbung bei dieser halbrunden Plastik greift die äußere Form des Steines noch einmal auf und trägt zur Belebung des Ausdrucks bei. Einkerbungen und Durchbrechungen sind grundsätzlich Möglichkeiten, zu einer Auflockerung der Form beizutragen.
Die graue Maserung betont hier zusätzlich den Umriß. Um einen festen Stand zu ermöglichen, ist dieses Stück auf eine fertige Acrylglasunterlage geklebt worden.

Einfache abstrakte Formen. Schwarzes Maul

Schwarzes Maul

Diese Form, die an ein aufgerissenes Maul erinnert, „lebt" von dem Gegensatz zwischen glatter Rundheit und scharfer Zuspitzung.

Bei der Herstellung dieser Plastik wurde nur mit der Grobraspel gearbeitet. Auf die Riffelraspel konnte, da keine besonderen Feinheiten zu gestalten waren, verzichtet werden.

Florale Formen

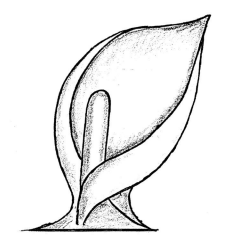

Calla-Blüte

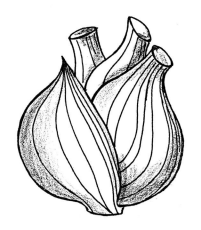

Fenchelknolle

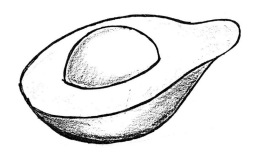

Geteilte Avocado mit Kern

Florale Formen wie beispielsweise Knospen, Blüten oder Frucht- und Samenformen usw. eignen sich besonders gut zur Ausgestaltung mit Speckstein, da ihre organischen Strukturen den besonderen Gegebenheiten des Specksteines entgegenkommen. Die geschwungenen Linien, die floralen Gebilden eigen sind, lassen sich vorzüglich mit der Riffelraspel herausarbeiten. Es sollten jedoch nicht solche Beispiele gewählt werden, die zu dünn und zu feingliedrig sind und sich wegen der Gefahr des Abbrechens nicht zur Ausarbeitung eignen.

Die hier abgebildeten Zeichnungen veranschaulichen drei Beispiele aus der Natur, die als Vorlagen für Speckstein-Plastiken denkbar wären.

Rosa Knospe

Die rosafarbene Plastik, die leicht durchscheinend ist, stellt eine abstrahierte Knospenform dar. Die Vertikale ist betont; die Plastik verjüngt sich nach oben und ist in sich leicht gedreht. Der blättrige Charakter lockert die Form auf. Durch den durchsichtigen Würfel, auf dem die Figur steht, kommt diese noch besser zur Geltung.

Auf Seite 6 ist ein florales Gebilde auf einen Naturstein geklebt.

Florale Formen. Rosa Knospe

Weiterentwicklung. Komplex gegliederte Tierformen

Weiterentwicklung

Nachdem eine Reihe von Beispielen und Anregungen gezeigt wurde, die der Anfänger Schritt für Schritt und mit etwas Übung nachvollziehen kann, soll das folgende Kapitel demjenigen Anregungen geben, der schon etwas mehr Erfahrung und Übung mit dem Material hat. Auch der mutige Anfänger, der meint, schon sehr schnell schwierigere Aufgabenstellungen bewältigen zu können, findet Beispiele für sein weiteres Vorgehen.

Komplex gegliederte Tierformen

Neben einfachen Tierformen, die sich durch eine relativ klare, unkomplizierte Gliederung ihres Körperaufbaus auszeichnen und auch keine schwierig zu gestaltenden Charakteristika aufweisen, gibt es naturgemäß Tierformen, die an den Gestaltenden höhere Anforderungen stellen; sei es aufgrund a) ihrer vielgliedrigen Gestalt, b) spezieller Merkmale wie z. B. Mähne, Schweif und anderer Typenmerkmale oder c) einer ausgeprägten, artenspezifischen Kopfform. Will man ein derartig aufwendiges Tier gestalten, kann man so vorgehen, daß man einen Stein wählt, der von der Form her geeignet ist für ein bestimmtes Tier, aber nicht unbedingt gleich an das gewünschte Tier denken läßt. Erst der „fortgeschrittene" Specksteingestalter sollte jedoch auf diese Weise verfahren.

Weiterentwicklung. Komplex gegliederte Tierformen

Eisbär

Auch bei diesem Beispiel eines Eisbären sind jeweils die zwei Vorder- und Hinterbeine zusammengefaßt worden. Die Pranken sind so angelegt, daß sie eine Standfläche bilden. Der grau-grüne Untergrundstein erinnert bewußt an eine Eisscholle.

Kopf, Gesicht und Schnauze des Eisbären erfordern einige Übung bei der plastischen Gestaltung und ein genaues Studium des Tieres. Die Einkerbungen an Schulter- und Beckengürtel und die schräg nach vorne gestellten Vorderbeine rufen den Eindruck von Bewegung hervor.

„Untergreifende Formen", also tief in den Stein hineingehende Einschnitte wie hier der Winkel zwischen Kopf/Hals und Vorderbeinen, kann man in einem ersten Schritt mit einer kleineren Säge herausarbeiten. Das kann gegenüber dem Arbeiten mit der Grobraspel durchaus zeitsparend sein. Für die anschließende Feinarbeit ist die Riffelraspel unverzichtbar. Die kleinen Vertiefungen für Augen und Ohrmuscheln wurden bei diesem Tier mit dem schrägen Konturenmesser (Augen) bzw. dem Hohleisen (Ohren) eingeschnitten.

Gänsepaar

Bei Tieren, die verhältnismäßig lange Hälse wie das Gänsepaar oder lange Beine haben, empfiehlt es sich, großformatiger zu arbeiten, damit die schlankeren Körperteile wegen der geringeren Bruchgefahr relativ dick angelegt werden können und trotzdem nicht zu massig wirken. Dies ist hier geschehen.

Die Schnabelöffnungen der Gänse werden mit einem geeigneten Holzschnitzmesser oder auch einem Kartoffelschälmesser spitzwinklig eingeschnitten.

Weiterentwicklung. Komplex gegliederte Tierformen

Löwe

Gründliche Studien in Büchern oder im Zoo sind notwendig, um die Haltung des Löwen, seine „Physiognomie", die typische Mähne und andere charakteristische Merkmale treffend herausarbeiten zu können. Es kommt jedoch dem Gestaltenden entgegen, daß der Löwe aufgrund eines gewissen Symbolcharakters ein seit Jahrtausenden überaus beliebtes Bildhauermotiv ist. Man denke beispielsweise nur an Löwenwächtergestalten vor Hauseingängen und dergleichen. So kann der Schaffende auf zahlreiche Vorbilder zurückgreifen.

Mähne und Pranken kann man mit der seitlichen Kante der Riffelraspel oder einem Rilleisen (Holz- bzw. Linolschnittmesser) eingraben.

Weiterentwicklung. Köpfe und Masken

Köpfe und Masken

Köpfe und Masken haben den Menschen schon immer fasziniert; vor allem Masken dienten und dienen in vielen Kulturen religiösen und kultischen Zwecken. Mögliche Vorbilder zur Gestaltung sind beispielsweise afrikanische, indonesische oder indianische Masken, die vor allem aus Holz gefertigt sind. Sie können in Völkerkundemuseen betrachtet und studiert werden. Masken sind aufgrund ihrer schlichten Form und der Reduktion auf wesentliche Merkmale einfacher zu gestalten als komplexere Köpfe. Bei Masken sind auch Verzerrungen und Übertreibungen erlaubt; kennzeichnend ist häufig eine gewisse Starrheit des Ausdrucks.

Indianerkopf

Kopfform und Gesicht sind bei diesem Beispiel vereinfacht; der Betrachter denkt unwillkürlich an eine Maske. Der Eindruck einer fremden Kultur kommt auf, vielleicht diente ein Aztekenkopf als Vorbild? Der Ausdruck von In-sich-Gekehrtheit wird auch durch die geschlossenen Augen vermittelt.

Weiterentwicklung. Köpfe und Masken

Runder unpolierter Kopf

Im Gegensatz zu den bisher gezeigten Beispielen ist dieser Speckstein nicht geglättet und poliert worden: Die Oberfläche ist rauh und nicht glänzend. Kleine, dunkel gefärbte Poren im Stein waren materialbedingter Anlaß, die rauhe Oberfläche zu belassen.
Als künstlerisches Ausdrucksmittel ist es durchaus denkbar, einen Stein auch einmal nicht zu polieren. Hier entsteht durch die unpolierte Oberfläche und durch die Reste der Spuren von Bearbeitung (Spuren von Riffelraspel und Grobraspel) der Eindruck, daß der Stein bzw. das Gesicht – und symbolisch dahinterstehend der Mensch – der Natur und der Zeit preisgegeben ist. Es wird also ein Eindruck von Vergänglichkeit und Alter erzeugt.

Schwarzes Gesicht

Am Beispiel dieser Plastik, bei der der rohe Stein mit seinen Bruchsteinkanten als Gestaltungsmerkmal mit einbezogen wurde, wird der Gegensatz von bearbeitetem, poliertem und unbearbeitetem Rohstein sehr deutlich. Der naturbelassene Stein wirkt oben (Haaransatz) heller, d. h. er hat nicht

Weiterentwicklung. Köpfe und Masken

den schwarzen Farbton des polierten Steines, sondern ist weiß-grau. Er ist sehr rauh und zerklüftet. Daraus ist zu ersehen, daß die glatte, marmorähnliche Fläche das Resultat eines Glättungs- und Poliervorganges ist. Von dem Rohstein läßt sich also nicht immer, wie man an diesem Beispiel sieht, auf die endgültige Farbe und Struktur der fertigen Plastik schließen. Will man die endgültige Farbe und Maserung erkennen, empfiehlt es sich, den Stein zu benässen (siehe S. 18).

Das Gesicht selbst ist stark abstrahiert. Auf die Ausgestaltung der Augen wurde ganz verzichtet. Nase und Mund sind nur durch Einkerbungen markiert.

Menschen- und Figurengruppen

Zur plastischen Gestaltung des Menschen bedarf es in den meisten Fällen einer Beschäftigung mit seinem anatomischen Aufbau, den Proportionen, typischen Bewegungsabläufen und Körperhaltungen. Das Studieren von Abbildungen in Büchern und das genaue Betrachten des eigenen oder fremden Körpers in Ruhe und Bewegung können hilfreich sein; noch besser ist das Zeichnen des Körpers, z. B. das Aktzeichnen. Menschliche Figuren können mit Speckstein stehend, sitzend, liegend, hockend, in Gruppen oder einzeln gearbeitet werden; als Torso, mit lediglich angedeutetem oder voll ausgeführtem Gesicht usw.
Es kann auch reizvoll sein, den Menschen in Aktion zu zeigen, beispielsweise bei einer bestimmten Tätigkeit. So sind in der Eskimo-Kunst Darstellungen des Menschen als Jäger und Fischer beliebt.

Hockende

Für diese Plastik wurde eine relativ dünne Scheibe aus einem größeren Rohstein herausgesägt. Dadurch wirkt die Figur schmal und das Zusammenkauern wird noch stärker betont.

Stehender Mann

Die körperliche Gestalt an sich ohne die Ausprägung spezieller Merkmale bestimmt diese Plastik. Der Kopf wurde vorne im unbearbeiteten Rohzustand belassen.
Jeder Bildhauer hat bei der stehenden menschlichen Gestalt das Problem, seiner Figur einen festen Stand zu verschaffen, damit sie nicht umkippt; der Schwerpunkt einer stehenden Figur ist normalerweise zu weit nach oben verlagert.
Mögliche Hilfsmittel sind Podeste oder Sockel, auf denen die Figur fest verankert ist

und die breit genug sind, eine sichere Standfläche zu ermöglichen. Eine weitere Möglichkeit ist, die Figur an einen Gegenstand anzulehnen, beispielsweise an einen Baumstumpf, oder die Figur auf etwas zu stützen, beispielsweise auf ein Schwert (häufig anzutreffende Lösungen in der antiken Bildhauerkunst). So erhält sie einen weiteren Standpunkt und eine breitere Auflagefläche. In diesem Fall wurde ein Specksteinsockel verwandt, der mit der Figur verschraubt ist.

Weiterentwicklung. Menschen- und Figurengruppen

Weiterentwicklung. Menschen- und Figurengruppen

Lesende

Die gestaltete, polierte Figur mit ihrer grünlich-schwarzen Maserung kontrastiert wirkungsvoll zum rauhen, grau-schwarzen Podest, das ebenfalls aus Speckstein geschaffen, aber nur wenig bearbeitet wurde.

Mutter mit zwei Kindern

Ein Rohstein mit drei Erhebungen an seiner Spitze lieferte die Anregung zu dieser Gestaltung einer Mutter mit zwei Kindern, die sich an sie anlehnen. Das Gesicht der Mutter wurde mit dem Schnitzmesser nur leicht angedeutet; auf die Ausgestaltung der Gesichter der Kinder ist ganz verzichtet worden.
Mutter- und Kind-Darstellungen sind sehr beliebt und ein häufiges Motiv für Figurengruppen.

Weiterentwicklung. Menschen- und Figurengruppen

Größere freie (abstrakte) Formen

Obwohl Speckstein ein Material ist, das sich vor allem gut für fließende, organische Formen eignet, lassen sich auch konstruktiv-geometrische Formen mit Speckstein herausarbeiten. In diesen Fällen ist die Plastik mehr statisch aufgebaut, und gekantete Linien herrschen vor. Gerade beim abstrakten Arbeiten, wo keine konkreten Lebewesen oder Gegenstände gestaltet werden, an denen man sich orientieren könnte, und wo auch weniger künstlerische Vorbilder vorhanden sind, kann eine geometrisch-konstruktive Gliederung der Plastik verlockend sein, da sich ein geometrisches Formgefüge relativ einfach aus der Phantasie entwerfen läßt.

Abstrakte Arbeiten können auch aus einer Kombination von geometrisch-konstruktiven und organischen Formen, denen die Weichheit des Steines mehr entgegenkommt, innerhalb einer Plastik bestehen. Es hängt u. a. auch von der Einstellung des einzelnen ab, welcher Möglichkeit er den Vorzug gibt.

Schwarze geometrische Form

Die Gliederung in voneinander abgegrenzte Dreiecke und Rechtecke, die sich aus einer Art dazugehörigem Sockel aus dem gleichen Material nach oben hin verbreitern, bewirkt eine gewisse architektonische Strenge und vermittelt den Eindruck von Statik. Die schwarze Farbe des Specksteines verstärkt diesen Eindruck noch.

Bei diesem Stück war von Anfang an beabsichtigt, eine geometrisch gegliederte Form zu schaffen, deren Rahmen die Rohsteinform vorgab. Trotz der eher strengen geraden Linien hat auch diese Plastik etwas Fließendes; die geometrischen Formen scheinen durch weiche Übergänge aufgelockert. Die Weichheit des Steines und die dadurch bedingte Gefahr der Beschädigung bei zu abrupten Übergängen macht scharf gekantete Linien nicht empfehlenswert.

Die Form wurde fast ausschließlich mit einer großen Grobraspel gearbeitet. Nur für die Abgrenzungen und Kanten wurde die Riffelraspel eingesetzt.

Weiterentwicklung. Größere abstrakte Formen

Weitere Verwendungsmöglichkeiten von Speckstein

Man kann Speckstein nicht nur zum plastischen Gestalten verwenden, sondern daraus auch Druckvorlagen herstellen. Dazu wird z. B. eine Zeichnung oder Schrift aus dem Stein herausgearbeitet. Das, was später im Druck als schwarze oder farbige Fläche erscheinen soll, ist erhaben, und das, was später nicht im Druck erscheinen soll, wird ausgehöhlt.

Die Druckfarbe wird mittels eines Rollers auf die erhabenen Flächen des Steines aufgetragen. Danach wird ein Blatt Papier auf den Stein gelegt. Mit einem Werkzeug (z. B. wieder einem Roller) wird das Blatt fest auf die gefärbte Unterlage gedrückt, so daß das Papier die Druckerfarbe aufsaugen kann. Auf diese Weise können mehrere Exemplare gedruckt werden, bis ein neuer Farbauftrag erforderlich wird.

Man kann auf die beschriebene Weise auch Stempel aus Speckstein herstellen.

Speckstein wird nur selten als Druckvorlage verwandt; die plastische Gestaltungsweise überwiegt bei weitem.

Eine weitere Verwendungsmöglichkeit des Specksteines, die in vielen Kulturen und schon vor Jahrtausenden Anwendung gefunden hat, ist die als Siegelstein. Hier wird in den Stein geritzt; die Vertiefungen drücken sich in die Siegelmasse und lassen das Siegelbild oder die Siegelschrift erhaben erscheinen. Dabei wurden nicht nur die Siegelflächen selbst künstlerisch gestaltet, sondern auch der Siegelgriff. Besonders beliebt waren Tierfiguren, beispielsweise Löwen oder Drachen etc.

Neben den einfachen Siegelsteinen wurden auch Rollsiegel aus Speckstein hergestellt. Rollsiegel werden in der Siegelmasse abgerollt und machen es möglich, ein Geschehnis abzubilden, eine Art „Geschichte" zu erzählen.

Beim Siegeln ist ebenso wie beim Drucken zu beachten, daß die Vorlage seitenverkehrt abgebildet wird. Dies ist vor allem für Schriftzeichen wichtig: Diese müssen in Spiegelschrift in den Stein geritzt werden.